LES ÉNIGMES DES PETITS GÉNIES !

Du CE1 au CE2

LAROUSSE

Direction de la publication : Carine Girac-Marinier
Édition : Antoine Caron
Direction artistique : Uli Meindl
Mise en pages : SKGD-Création
Fabrication : Marlène Delbeken

ISBN : 978-2-03-597068-8

Les Énigmes des petits génies !

Du CE1 au CE2

Stéphanie Viards

LAROUSSE

SOMMAIRE

ÉNIGME 6

ÉNIGME 7

ÉNIGME 8

**Tu te passionnes pour l'histoire, la géographie,
les sciences, la nature et l'environnement ?**

**Alors utilise tes connaissances
et tes méninges pour mener l'enquête
et montrer que tu es VRAIMENT un génie !**

**RÉCOLTE TOUS LES INDICES
POUR RÉSOUDRE CHAQUE ÉNIGME !**

ÉNIGME 1

AU TEMPS DES DINOSAURES

ÉNIGME 1 L'HISTOIRE

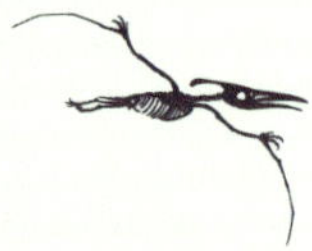

Tu adores les dinosaures ? Mais les connais-tu vraiment ? Et sauras-tu découvrir le nom d'un drôle de reptile mystérieux ?

ALLEZ, LANCE-TOI DANS CETTE AVENTURE TITANESQUE !

INDICE 1

Les premiers dinosaures sont apparus sur Terre il y a environ 230 millions d'années. Comment le sait-on ? Parce que des chercheurs ont fait des fouilles dans le sol et ont retrouvé des traces : c'est ce qu'on appelle des fossiles, c'est-à-dire des os de dinosaures transformés en pierre.

CONNAIS-TU LE NOM DE CEUX QUI ÉTUDIENT LES FOSSILES ?

FOSSILOLOGUES | PALÉONTOLOGUES | PIERROLOGUES

TA RÉPONSE :

P A L É O N T O L O G U E S

INDICE 2

Comme tu le sais, les dinosaures ont vécu tout au long de trois périodes : le trias, le jurassique et le crétacé, et ils ont disparu suite à la chute d'une météorite gigantesque sur la Terre, il y a 65 millions d'années.

PEUX-TU CALCULER COMBIEN D'ANNÉES ONT VÉCU LES DINOSAURES ?

230 MILLIONS D'ANNÉES

− 65 MILLIONS D'ANNÉES

= ???

RÉPONSE M :
165 millions d'années

RÉPONSE N :
295 millions d'années

RÉPONSE O :
65 millions d'années

TA RÉPONSE : M

INDICE 3

De très nombreux dinosaures de l'époque Jurassique étaient de grands herbivores (ils se nourrissaient de végétaux).

ATTENTION, IL Y A UN INTRUS CI-DESSOUS !
PARMI CES DINOSAURES, LEQUEL EST CARNIVORE ?

DIPLODOCUS

STÉGOSAURE

TYRANNOSAURE

TRICÉRATOPS

TA RÉPONSE :

T Y R A N N O S A U R E

INDICE 4

Waouh ! Regarde ce brachiosaure, il est énorme ! Il faisait partie des dinosaures les plus grands et les plus lourds : il mesurait environ 12 mètres, soit 2 girafes mises bout à bout. Et il pesait 50 tonnes à lui tout seul : c'est le poids d'environ 10 éléphants adultes !

SACHANT QU'UNE TONNE = 1000 KG, PEUX-TU INDIQUER LE POIDS EN KG D'UN ÉLÉPHANT ADULTE ?

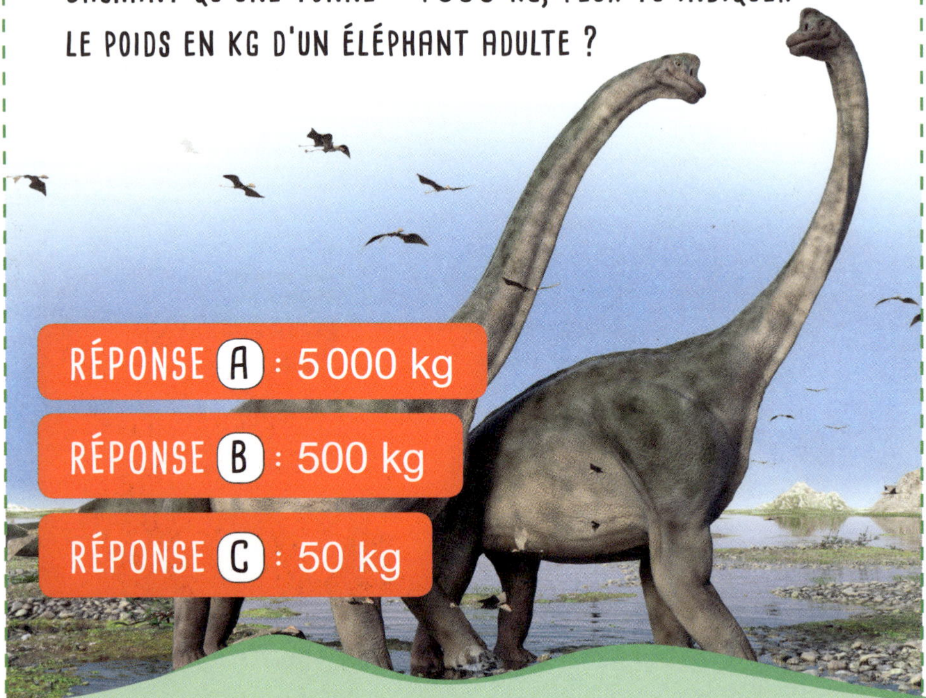

RÉPONSE (A) : 5000 kg

RÉPONSE (B) : 500 kg

RÉPONSE (C) : 50 kg

TA RÉPONSE : A

INDICE 5

Dans les airs aussi il y avait d'énormes reptiles. Ce n'étaient pas des dinosaures mais certains étaient très effrayants, comme le quetzalcoatlus, dont les deux ailes mesuraient entre 12 et 15 mètres de large : il était donc aussi grand qu'un petit avion !

SAIS-TU COMMENT ON APPELLE CES REPTILES VOLANTS ?

P T _ R _ S _ _ R _ S

A U E É O

INDICE : REMETS LES VOYELLES À LEUR PLACE POUR LE SAVOIR

TA RÉPONSE :

PTORÉSAURES

ÉNIGME 1 DÉNOUEMENT

Savais-tu que des reptiles marins ont aussi vécu au temps des dinosaures ? Essaie de découvrir le nom de celui qui ressemblait à un énorme crocodile avec des dents tranchantes et qui a dominé les océans il y a 70 millions d'années. Pour connaître le nom de cet animal mystère, il te suffit de prendre dans l'ordre :

- La réponse de l'indice 2.
- La 5e lettre de l'indice 1.
- La 8e lettre de l'indice 3.
- La réponse de l'indice 4.
- La 6e lettre de l'indice 5.
- La 2e lettre de l'indice 1.
- La 10e lettre de l'indice 3.
- La 4e lettre de l'indice 5.
- La 13e lettre de l'indice 1.

Alors, comment s'appelle ce monstre ?

M O S A S A U R E

AS-TU TROUVÉ ?
N'EST-IL PAS EFFRAYANT ?

ÉNIGME 2

UNE AVENTURE PRÉHISTORIQUE !

ÉNIGME 2 L'HISTOIRE

Connais-tu bien la vie des hommes de Cro-Magnon, nos ancêtres lointains ? Et parviendras-tu à répondre à l'énigme finale ?

PARS SUR LES TRACES DES PREMIERS HOMMES !

INDICE 1

Qui sont les hommes préhistoriques ? *Homo habilis* a inventé les premiers outils. Puis *Homo erectus* les a améliorés avec la création du « biface » (une pierre taillée, plus ou moins symétrique). Il a aussi réussi à faire du feu avec un silex.

MAIS QUEL EST LE NOM DE CELUI QU'ON APPELAIT « L'HOMME SAVANT » ?

MOHO
PANISSE

INDICE : CET « HOMME SAVANT » SAVAIT FAIRE DU FEU EN FROTTANT DEUX MORCEAUX DE BOIS. REMETS LES LETTRES CI-DESSUS DANS L'ORDRE POUR CONNAÎTRE SON NOM.

TA RÉPONSE : H O M O S A P I N S E

UNE AVENTURE PRÉHISTORIQUE !

INDICE 2

Les hommes de Cro-Magnon chassaient grâce aux outils qu'ils avaient inventés, et notamment la sagaie (lance). Pour augmenter la vitesse de cette arme et l'envoyer encore plus loin, ils utilisaient un équipement en bois avec un crochet.

SAIS-TU COMMENT S'APPELLE CET OUTIL ?

- RÉPONSE Q : UN PROPULSEUR
- RÉPONSE R : UN POUSSEUR
- RÉPONSE S : UN LANCE-PIERRE

TA RÉPONSE : Q

INDICE 3

Les hommes préhistoriques se nourrissaient de baies qu'ils cueillaient, d'insectes qu'ils attrapaient, de poissons qu'ils pêchaient et d'animaux qu'ils chassaient. Mais, mince ! Tous les noms d'animaux ont été coupés en deux et mélangés !

PEUX-TU RECONSTITUER LES NOMS ET TROUVER L'ANIMAL INTRUS ?

BI	VAL
DINO	LOPE
REN	SAURE
ANTI	SON
MAM	NE
CHE	MOUTH

INDICE : CET ANIMAL NE POUVAIT PAS ÊTRE CHASSÉ À CETTE ÉPOQUE...

L'INTRUS EST : D I N O S A U R E

UNE AVENTURE PRÉHISTORIQUE !

INDICE 4

Les hommes de Cro-Magnon étaient des nomades, c'est-à-dire qu'ils n'habitaient pas toujours au même endroit. Ils campaient dans des huttes en branchages ou des tentes en os de mammouth recouverts de peaux de bêtes.

CALCULE COMBIEN IL FAUDRA D'OS DE MAMMOUTH POUR CONSTRUIRE UNE TENTE COMPRENANT 8 PEAUX DE BISON.

RÉPONSE (S) : 11

RÉPONSE (T) : 24

RÉPONSE (U) : 31

INDICE : ON IMAGINE QU'IL FAUT 1 PEAU DE BISON POUR RECOUVRIR 3 OS DE MAMMOUTH...

TA RÉPONSE : T

INDICE 5

Dans les grottes, les hommes préhistoriques dessinaient et réalisaient des gravures sur les parois. C'est ce qu'on appelle l'art pariétal. Les peintures les mieux conservées se trouvent dans une grotte de Dordogne, en France.

PEUX-TU RETROUVER LE NOM DE CETTE GROTTE EN UTILISANT LES INDICES ?

LASCAUX · LABEIL · LOMBRIVES · CHORANCHE

LACAVE · NIAUX

INDICES :

SON NOM COMPREND AU MOINS UN A MAIS PAS DE R. IL NE CONTIENT PAS 6 LETTRES ET SE TERMINE PAR UN X. IL N'Y A PAS DE I.

TA RÉPONSE :

L A S C A U X

ÉNIGME 2 DÉNOUEMENT

Comme tu le sais, la préhistoire est divisée en deux grandes périodes : l'âge de la pierre taillée, période que l'on vient de voir, et l'âge de la pierre polie, qui commence avec l'apparition de l'agriculture et de l'élevage. L'homme devient sédentaire, c'est-à-dire qu'il s'installe à un endroit, dans des maisons regroupées en villages. Pour connaître le nom de cette période, il te suffit de prendre dans l'ordre :

- La 10e lettre de l'indice 1.
- La 9e lettre de l'indice 3.
- La 4e lettre de l'indice 3.
- La 1re lettre de l'indice 5.
- La 2e lettre de l'indice 3.
- La réponse de l'indice 4.
- La 1re lettre de l'indice 1.
- La 8e lettre de l'indice 1.
- La réponse de l'indice 2.
- La 6e lettre de l'indice 5.
- La 9e lettre de l'indice 1.

Alors, comment s'appelle cette période ?

N E O L I T H I Q U E

AS-TU TROUVÉ ? N'EST-CE PAS ?
TU LE SAVAIS DÉJÀ !

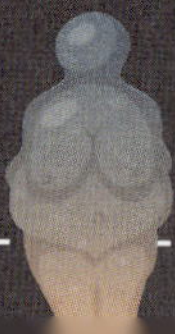

ÉNIGME 3

VOYAGE DANS L'ÉGYPTE ANTIQUE

ÉNIGME 3 L'HISTOIRE

Tu te poses des questions sur les pharaons et les pyramides ? Mais sauras-tu découvrir le nom du pharaon mystère ?

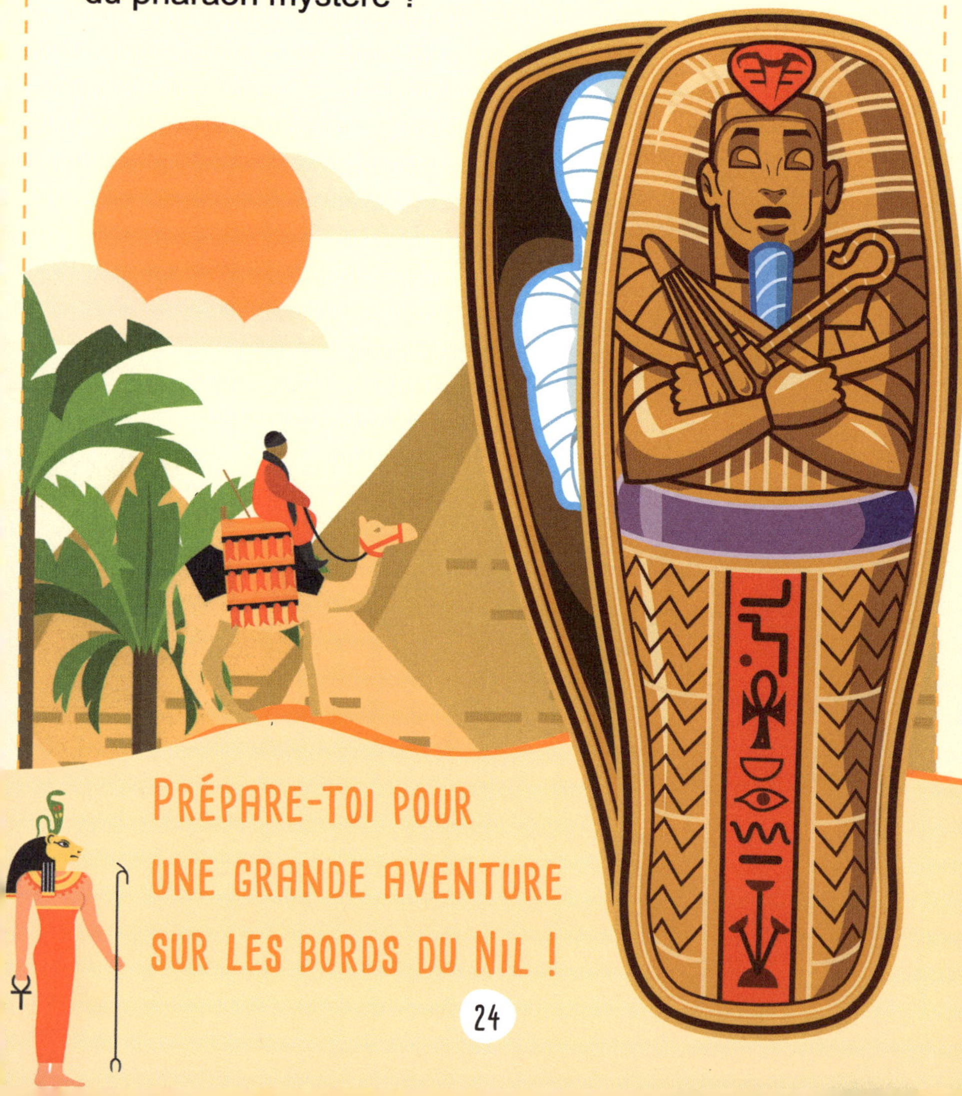

PRÉPARE-TOI POUR UNE GRANDE AVENTURE SUR LES BORDS DU NIL !

INDICE 1

Pendant près de 3 000 ans, les Égyptiens ont dominé un immense territoire traversé par un très grand fleuve, le Nil. C'est un des plus longs fleuves du monde et le plus grand d'Afrique. Il fait plus de 8 fois la longueur de la Seine.

PEUX-TU CALCULER LA LONGUEUR APPROXIMATIVE DU NIL ?

RÉPONSE (K) : + DE 5 000 KM

RÉPONSE (L) : + DE 8 000 KM

RÉPONSE (M) : + DE 10 000 KM

INDICE : LA SEINE MESURE ENVIRON 700 KM DE LONG, TU PEUX FAIRE 7 × 8 = 56 ET MULTIPLIER PAR 100 !

TA RÉPONSE : K

INDICE 2

Comme tu le sais, le pharaon était à la fois roi, chef militaire et dieu. Les premiers pharaons firent construire des pyramides qui leur servaient de tombes. À sa mort, le corps du pharaon était vidé, séché et entouré de bandelettes pour faire une momie qui était déposée dans une boîte.

COMMENT ÉCRIT-ON LE NOM DE CE CERCUEIL ?

RÉPONSE M : SARCOFAGE

RÉPONSE N : SARCOPHAGE

RÉPONSE O : SARCOPHAJE

RÉPONSE P : CARCOPHAGE

TA RÉPONSE : N

INDICE 3

À l'époque des pharaons, les Égyptiens écrivaient de drôles de signes, les hiéroglyphes, sur une sorte de papier végétal, le papyrus. C'est Jean-François Champollion qui réussit le premier à déchiffrer les hiéroglyphes en 1822.

POUR CONNAÎTRE L'OBJET QUI LUI A PERMIS CE DÉCHIFFRAGE, DÉCRYPTE CE MESSAGE CODÉ.

INDICE : CHAQUE SYMBOLE CORRESPOND TOUJOURS À LA MÊME LETTRE DE L'ALPHABET.

TA RÉPONSE :

PIERRE DE ROSETTE

VOYAGE DANS L'ÉGYPTE ANTIQUE

INDICE 4

Les Égyptiens étaient polythéistes, c'est-à-dire qu'ils croyaient en plusieurs dieux, dont le principal était Amon.

PARMI CES DIEUX ÉGYPTIENS, L'UN EST UN INTRUS. LEQUEL ?

ANUBIS

BASTET

HATHOR

HERMÈS

HORUS

INDICE : SON NOM UTILISE 2 FOIS LA MÊME VOYELLE.

TA RÉPONSE :

H E R M È S

INDICE 5

Savais-tu qu'il y avait eu également des femmes pharaons ? Au cours des trois millénaires de son histoire, l'Égypte en a compté cinq. La plus célèbre a régné 21 ans après la mort de son mari Thoutmosis II.

POUR DÉCOUVRIR SON NOM, REMETS LES SYLLABES DANS LE BON ORDRE.

TA RÉPONSE :

H A T S H E R S O U T

ÉNIGME 3 DÉNOUEMENT

L'un des pharaons les plus célèbres est membre de la XVIIIe dynastie. Il est monté sur le trône à 9 ans et a régné seulement 10 ans. Sa tombe, pleine de trésors (dont un masque funéraire en or massif), a été découverte par Howard Carter en 1922. Pour trouver le nom de ce jeune pharaon, il te suffit de prendre dans l'ordre :

- La 13e lettre de l'indice 3.
- La 9e lettre de l'indice 5.
- La 10e lettre de l'indice 5.
- La 14e lettre de l'indice 3.
- La 2e lettre de l'indice 5.
- La réponse de l'indice 2.
- La réponse de l'indice 1.
- La 1re lettre de l'indice 4.
- La 2e lettre de l'indice 5.
- La 4e lettre de l'indice 4.
- La 10e lettre de l'indice 3.
- La réponse de l'indice 2.

As-tu trouvé le nom de ce grand pharaon ?

T O U T A N K H A M O N

TU EN AVAIS SÛREMENT DÉJÀ ENTENDU PARLER, NON ?

ÉNIGME 4

BIENVENUE À ROME

ÉNIGME 4 L'HISTOIRE

Tu connais Jules César et Rome, la capitale de l'Empire romain. Cet empire a régné sur le monde entier pendant des centaines d'années et a laissé beaucoup de vestiges. Mais sauras-tu trouver le nom latin d'un grand monument romain ?

ALORS, EN ROUTE POUR L'ANTIQUITÉ ROMAINE !

BIENVENUE À ROME

ÉNIGME 4

INDICE 1

Les Romains nous ont laissé beaucoup de constructions comme les forums, les théâtres antiques, les ponts… que l'on peut encore voir en Italie mais également dans d'autres pays comme la France (la Gaule à leur époque).

QUEL EST L'OUVRAGE PUBLIC BIEN UTILE AU TRANSPORT DE L'EAU ?

P	A	L	A	I	S	A	C
A	C	A	I	T	T	Q	A
N	I	R	N	U	H	U	P
T	R	E	S	N	E	E	I
H	Q	N	U	N	R	D	T
E	U	E	L	E	M	U	O
O	E	S	A	L	E	C	L
N	C	O	L	I	S	E	E

INSTRUCTIONS : DANS LA GRILLE, BARRE LES NOMS DES CONSTRUCTIONS ROMAINES DE LA LISTE CI-DESSOUS (HORIZONTALEMENT OU VERTICALEMENT). IL TE RESTERA UN MOT DE 7 LETTRES QUI N'EST PAS DANS LA LISTE.

- ~~ARÈNES~~
- ~~CAPITOLE~~
- ~~CIRQUE~~
- ~~COLISÉE~~
- ~~INSULA~~
- ~~PALAIS~~
- ~~THERMES~~
- ~~PANTHÉON~~
- ~~TUNNEL~~

TA RÉPONSE : A Q U E D U C

BIENVENUE À ROME

INDICE 2

Comme tu le sais, les Romains adoraient des dieux qui étaient souvent les mêmes que ceux des Grecs. Ils étaient inspirés de cette mythologie mais ne portaient pas les mêmes noms. Les connais-tu ?

REMETS LES VOYELLES À LEUR PLACE DANS LES NOMS CI-DESSOUS ET DÉCOUVRE L'INTRUS, LE SEUL DIEU QUI N'EST PAS ROMAIN.

J P T R E I U

J U R I T E R

P L T N O U

P L U T O N

C P D N I O U

C U R I D O N

T T T S A I O U

T O U T A T I S

TA RÉPONSE :

T O U T A T I S

Bienvenue à Rome

Énigme 4

Indice 3

Les Romains ont conquis de nombreux peuples et de nombreuses régions, comme l'Italie, l'Hispanie (l'Espagne), Carthage et le bassin méditerranéen, la Grèce, l'Égypte… L'Empire romain a dominé une partie du monde de 753 avant J.-C. à 476 après J.-C.

Peux-tu calculer le nombre d'années d'existence de la Rome antique ?

Réponse V : 277 ans

Réponse W : 476 ans

Réponse X : 1229 ans

Indice : 753
+ 476
= ???

Ta réponse : X

BIENVENUE À ROME

INDICE 4

Si les Romains ont connu autant de succès militaires et maintenu leur autorité pendant si longtemps, c'est que leur armée était bien mobile et organisée en légions (troupes à pied). Chaque soldat avait un rôle et une place bien définis. Évidemment, un équipement leur était fourni.

REPÈRE, PARMI LES NOMS D'ARMEMENT SUIVANTS, LE SEUL NOM FÉMININ.

BOUCLIER | JAVELOT | POIGNARD

CUIRASSE | GLAIVE

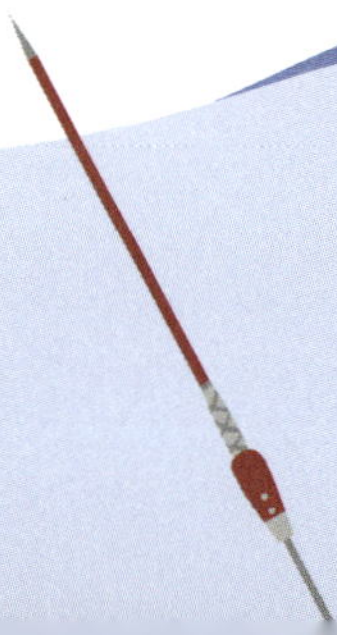

TA RÉPONSE :

C U I R A S S E

INDICE 5

Qu'il était bon de se rendre aux thermes pour se détendre, se laver, pratiquer des activités sportives ou tout simplement discuter ! Généralement, les Romaines et les Romains commençaient par un bain de vapeur, le *sudatorium*. Ils passaient ensuite dans le *caldarium* pour se baigner dans des piscines chaudes. Ils finissaient bien souvent dans des bains froids pour se maintenir en forme et raffermir leur peau.

LEQUEL DE CES DEUX MOTS LATINS TE SEMBLE CORRESPONDRE AU BAIN FROID ?

FRIGIDARIUM

GLAGLATRIUM

TA RÉPONSE : F R I G I D A R I U M

ÉNIGME 4 DÉNOUEMENT

Comme tu le sais, les courses de chars et les jeux tenaient une place très importante dans la vie des Romains.
Ils avaient lieu dans un immense hippodrome réaménagé par Jules César. Pour connaître son nom en latin, il te suffit de prendre dans l'ordre :

- La 7e lettre de l'indice 1.
- La 7e lettre de l'indice 2.
- La 4e lettre de l'indice 4.
- La 1re lettre de l'indice 4.
- La 3e lettre de l'indice 1.
- La 6e lettre de l'indice 4.
- La 11e lettre de l'indice 5.
- La 7e lettre de l'indice 5.
- La réponse de l'indice 3.
- La 3e lettre de l'indice 5.
- La 11e lettre de l'indice 5.
- La 3e lettre de l'indice 2.
- La 7e lettre de l'indice 4.

Alors comment s'appelait cet édifice ?

C I R C U S M A X I M U S

AH, ON NE S'ENNUYAIT PAS CHEZ LES ROMAINS !

ÉNIGME 5

REDOUTABLES SAMOURAÏS

ÉNIGME 5 L'HISTOIRE

As-tu déjà entendu parlé des samouraïs, ces guerriers du Japon médiéval ? Ces hommes étaient redoutables mais ils n'étaient pas les seuls…

GRÂCE AUX INDICES, SAURAS-TU TROUVER LE NOM DE GUERRIERS EXTRAORDINAIRES ?

REDOUTABLES SAMOURAÏS

INDICE 1

Les samouraïs étaient des guerriers au service d'un maître, le daimyo. Ils ont vécu à peu près en même temps que nos chevaliers (entre les VIIIe et XVIe siècles). Comme eux, les samouraïs étaient bien équipés, en sabres notamment.

TROUVE LE NOM DE LEUR SABRE LE PLUS LONG EN SUIVANT LE CHEMIN INDIQUÉ.

INSTRUCTIONS :
PARS DU K DE LA CASE VERTE PUIS COMPTE LE NOMBRE DE CASES DANS LA DIRECTION INDIQUÉE POUR TROUVER LES LETTRES SUIVANTES.

- 2 cases vers le sud
- 3 cases vers l'est
- 2 cases vers le sud
- 1 case vers l'ouest
- 3 cases vers le nord

K	B	O	F	P	I
T	Y	A	U	Z	V
A	S	J	T	Q	F
E	L	C	X	G	K
M	T	N	A	E	M
D	N	C	W	R	H

TA RÉPONSE :

K A T A N A

REDOUTABLES SAMOURAÏS

INDICE 2

Au fait, on parle des samouraïs, mais sais-tu ce que ce mot signifie vraiment ? Aide-toi des indices pour le découvrir.

TROUVE LA SIGNIFICATION DU MOT SAMOURAÏ.

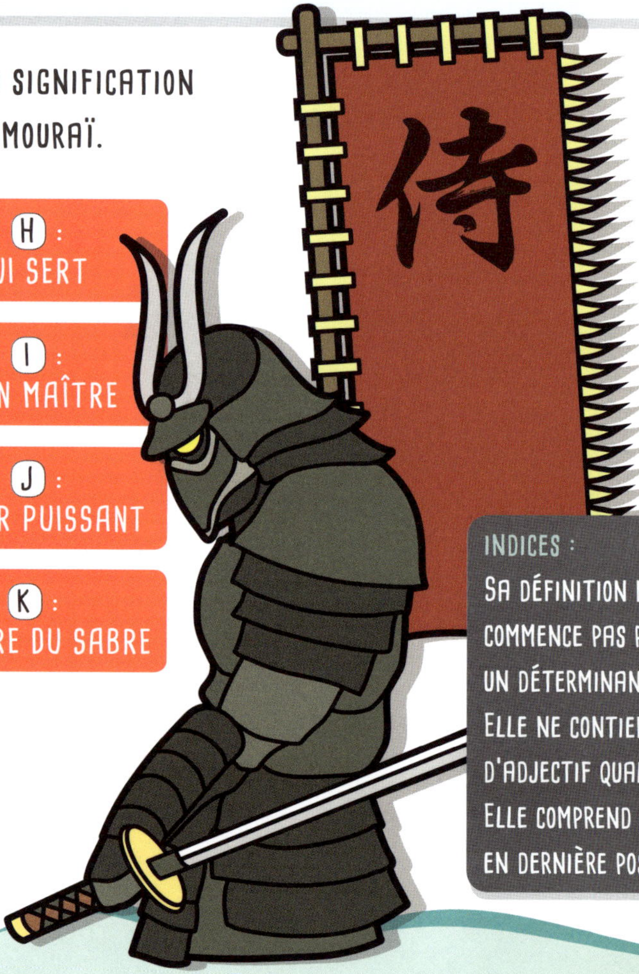

RÉPONSE (H) : CELUI QUI SERT

RÉPONSE (I) : AIME TON MAÎTRE

RÉPONSE (J) : GUERRIER PUISSANT

RÉPONSE (K) : LA GLOIRE DU SABRE

INDICES :
SA DÉFINITION NE COMMENCE PAS PAR UN DÉTERMINANT.
ELLE NE CONTIENT PAS D'ADJECTIF QUALIFICATIF.
ELLE COMPREND UN VERBE EN DERNIÈRE POSITION.

TA RÉPONSE : H

REDOUTABLES SAMOURAÏS

INDICE 3

L'arc japonais, ou yumi, est fait de bambou et de bois. Il est étudié pour le tir à cheval et peut atteindre 2 mètres de haut. Les flèches sont également en bambou avec des pointes en métal. Elles sont très longues. L'arc à poulie permet de lancer des flèches enflammées jusqu'à 50 mètres avec précision.

TIENS, MAIS COMBIEN FONT 50 MÈTRES EN CENTIMÈTRES ?

RÉPONSE (E) :
5 CM

RÉPONSE (F) :
500 CM

RÉPONSE (G) :
5 000 CM

TA RÉPONSE : G

ÉNIGME 5

REDOUTABLES SAMOURAÏS

INDICE 4

Comme les chevaliers, les samouraïs avaient une armure constituée de plaques de fer attachées entre elles pour les protéger des coups donnés par l'ennemi. Ils portaient aussi un casque souvent orné de grandes cornes ou de crêtes en métal.

DÉCRYPTE LE CODE SUIVANT POUR TROUVER LE NOM DE CE CASQUE.

11	1	2	21	20	15
K	A	B	U	T	O

CODE :

PRENDS LES LETTRES DE L'ALPHABET DANS L'ORDRE DONNÉ ; PAR EXEMPLE A = 1, B = 2, ETC.

TA RÉPONSE : K A B U T O

REDOUTABLES SAMOURAÏS

INDICE 5

Les samouraïs recevaient une éducation sévère pendant laquelle ils apprenaient le maniement des armes, la lutte, le tir à l'arc, la maîtrise des chevaux et la calligraphie. On leur enseignait aussi le code de l'honneur (bushido).

DÉCODE CES SYMBOLES POUR SAVOIR CE QUI EST INTERDIT PAR LA PREMIÈRE RÈGLE DU BUSHIDO.

INDICE : CHAQUE SIGNE CORRESPOND TOUJOURS À LA MÊME LETTRE.

火 土 天 連 日 天 風 土 世 玉

S E R V I R D E U X

空 命 日 血 天 土 火

M A Î T R E S

TA RÉPONSE : SERVIR DEUX MAÎTRES

ÉNIGME 5 DÉNOUEMENT

Savais-tu que certaines femmes japonaises étaient aussi des samouraïs ? Elles étaient entraînées pour utiliser le naginata, une sorte de serpe à long manche, et le kaiken, un petit sabre. Pour connaître le nom de ces femmes guerrières, il te suffit de prendre dans l'ordre :

- La 6e lettre de l'indice 4.
- La 5e lettre de l'indice 1.
- La 5e lettre de l'indice 1.
- La 2e lettre de l'indice 1.
- La 3e lettre de l'indice 4.
- La 4e lettre de l'indice 4.
- La réponse de l'indice 3.
- La 2e lettre de l'indice 5.
- La 5e lettre de l'indice 5.
- La 1re lettre de l'indice 5.
- La réponse de l'indice 2.
- La 2e lettre de l'indice 4.

Alors, quel est le nom de ces guerrières ?

O N N A - B U G E I S H A

ELLES ÉTAIENT AUSSI REDOUTABLES QUE LES SAMOURAÏS !

ÉNIGME 6

AU TEMPS DES CHEVALIERS

ÉNIGME 6 L'HISTOIRE

Tu te passionnes pour les chevaliers et les princesses et tu adores y jouer avec tes copains et tes copines ? Mais connais-tu bien la vie des chevaliers et sauras-tu trouver le nom du chevalier mystère ?

ALORS, C'EST PARTI POUR UNE AVENTURE AU MOYEN ÂGE !

INDICE 1

Les chevaliers du Moyen Âge protégeaient un seigneur mais ils devaient aussi voler au secours des plus faibles, en faisant fuir les brigands, par exemple. Pour cela, ils étaient très bien équipés : ils possédaient plusieurs chevaux, des épées, un bouclier et une armure avec un casque.

TROUVE LE NOM DU CASQUE DES CHEVALIERS EN SUIVANT LE CHEMIN INDIQUÉ.

INSTRUCTIONS :

PARS DU H DE LA CASE ROSE PUIS COMPTE LE NOMBRE DE CASES DANS LA DIRECTION INDIQUÉE POUR TROUVER LES LETTRES QUI SUIVENT.

- 4 cases vers l'est
- 5 cases vers le sud
- 3 cases vers l'ouest
- 4 cases vers le nord
- 2 cases vers l'est

H	B	I	X	E	S
W	M	R	E	J	E
O	Y	T	P	L	B
H	G	Q	U	D	T
C	L	M	Z	K	N
J	U	V	K	A	F

TA RÉPONSE :

H E A U M E

AU TEMPS DES CHEVALIERS

INDICE 2

Pour être chevalier, on commençait sa formation dès l'âge de 7 ans (comme un enfant de CE1 !). On devenait « page » : on s'occupait des chevaux et s'entraînait à manier l'arc et une épée en bois. À 14 ans, on évoluait comme écuyer : on prenait des leçons avec le maître d'armes et on s'exerçait à la lance sur un mannequin en bois.

POUR SAVOIR COMMENT S'APPELLE CETTE ESPÈCE DE POTEAU EN BOIS, DÉCODE LE MESSAGE SUIVANT.

CODE :
REMPLACE CHAQUE LETTRE PAR CELLE QUI LA SUIT DANS L'ALPHABET. PAR EXEMPLE : D = E ET Z = A.

P T H M S Z H M D

Q U I N T A I N E

TA RÉPONSE :

Q U I N T A I N E

ÉNIGME 6

INDICE 3

À 21 ans, une grande cérémonie était organisée pour l'apprenti chevalier. Il recevait alors son épée et son casque, puis l'accolade de la part de son parrain, ou d'un noble, c'est-à-dire trois coups du plat de l'épée. Ce dernier lui disait une formule comme : « Je te fais chevalier. Sois toujours honnête et valeureux. »

COMMENT S'APPELLE CETTE CÉRÉMONIE ?

- ADOUBEMENT
- ENVOÛTEMENT
- COMPLIMENT

TA RÉPONSE :

A D O U B E M E N T

AU TEMPS DES CHEVALIERS

INDICE 4

Une fois adoubé, le jeune chevalier partait guerroyer aux côtés d'un seigneur. Et s'il n'y avait pas de guerre, il participait à des tournois pour bâtir sa renommée et s'enrichir. Le tournoi demandait beaucoup de place dans un espace souvent rectangulaire et très grand.

PARMI LES 4 FIGURES GÉOMÉTRIQUES CI-DESSOUS, REPÈRE LA SEULE QUI POURRAIT ACCUEILLIR LE PROCHAIN TOURNOI.

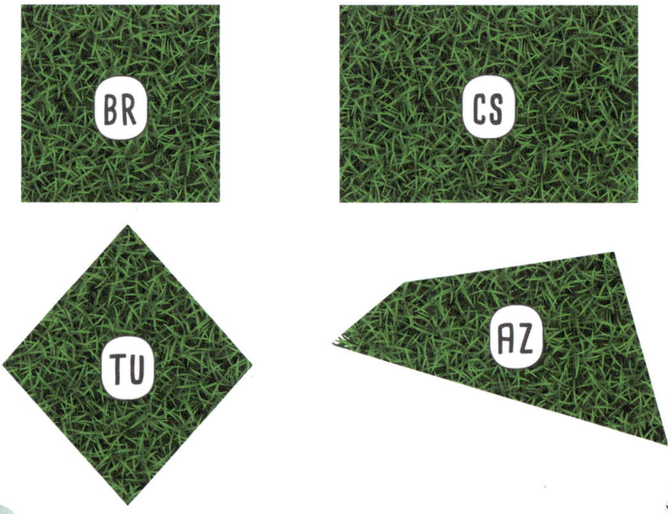

INDICE 5

Quand il rentrait au château, le chevalier s'occupait de ses terres et de sa famille, restée dans le donjon. Comme tu le sais, c'était l'endroit imprenable du château. Mais ce dernier était composé de multiples autres parties.

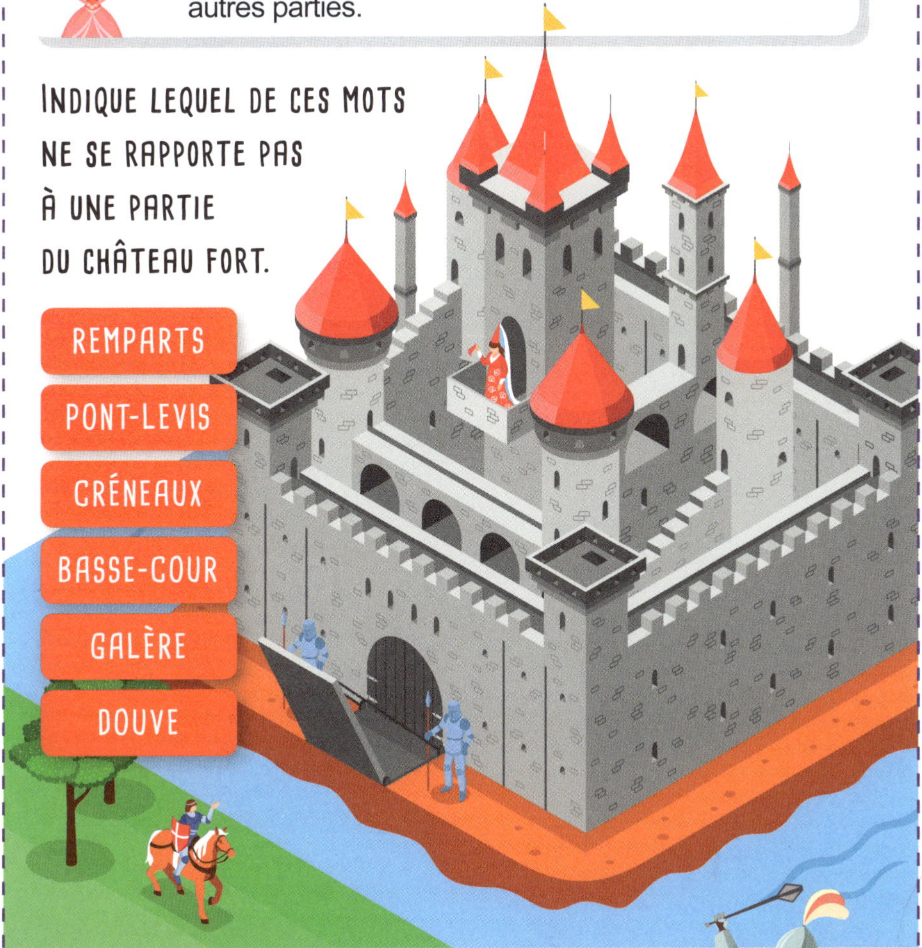

INDIQUE LEQUEL DE CES MOTS NE SE RAPPORTE PAS À UNE PARTIE DU CHÂTEAU FORT.

- REMPARTS
- PONT-LEVIS
- CRÉNEAUX
- BASSE-COUR
- GALÈRE
- DOUVE

TA RÉPONSE : G A L È R E

ÉNIGME 6 DÉNOUEMENT

Ce chevalier très populaire a acquis une solide réputation de guerrier lors des nombreux tournois qu'il a disputés. Il est aussi un héros de la guerre de Cent Ans. Pour connaître son nom, il te suffit de prendre dans l'ordre :

- La 2e lettre de l'indice 3.
- La 4e lettre de l'indice 1.
- La 1re lettre de l'indice 5.
- La 4e lettre de l'indice 1.
- La 9e lettre de l'indice 2.
- La 2e lettre de l'indice 4.
- La 1re lettre de l'indice 4.
- La 3e lettre de l'indice 5.
- La 3e lettre de l'indice 2.
- La 9e lettre de l'indice 3.

Alors, qui est ce valeureux chevalier ?

DU GUESCLIN

C'EST UN GRAND PERSONNAGE DE L'HISTOIRE DE FRANCE !

ÉNIGME 7

À L'ABORDAGE !

ÉNIGME 7 L'HISTOIRE

Alors moussaillon ! As-tu déjà rêvé de partir à l'aventure sur le bateau d'un grand pirate comme Barbe Noire ? Tu imagines les pirates avec une jambe de bois, un bandeau sur l'œil et une voix effrayante. Mais ils n'étaient pas tous comme ça. Tu n'as qu'à regarder le héros de *Pirates des Caraïbes* pour t'en rendre compte !

ALORS, ES-TU PRÊT À SILLONNER LES MERS DU SUD ?

INDICE 1

Même s'ils existent depuis l'apparition des premiers bateaux, les pirates que l'on voit dans les films d'aujourd'hui appartiennent à l'âge d'or de la piraterie, l'époque où leur nombre a fortement augmenté : le XVIIe siècle.

COMBIEN DE SIÈCLES NOUS SÉPARENT DE L'ÉPOQUE DES PIRATES ?

INDICE :

NOUS SOMMES AUJOURD'HUI AU XXIE SIÈCLE ;

DONC XXI – XVII = ?

RÉPONSE (A) : IV

RÉPONSE (B) : V

RÉPONSE (C) : VI

TA RÉPONSE :

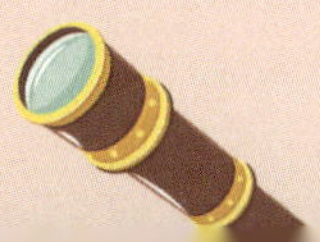

ÉNIGME 7

À L'ABORDAGE !

INDICE 2

Avant de partir en mer, les pirates se retrouvaient dans leur cachette pour préparer leur voyage et faire des provisions. Il fallait prévoir de l'eau douce, des fruits, des légumes et de la viande. Pour que celle-ci ne pourrisse pas à bord, des animaux étaient embarqués vivants.

RECONSTITUE LES NOMS D'ANIMAUX EN ASSEMBLANT LES SYLLABES ET TROUVE L'INTRUS.

CO	VRE
POU	TON
CHÈ	PHIN
DAU	LE
MOU	CHON

TA RÉPONSE : D A U P H I N

À L'ABORDAGE !

ÉNIGME 7

INDICE 3

Sur un bateau pirate, les mousses sont des apprentis et sont chargés de toutes les corvées, comme le nettoyage du pont du navire au vinaigre. Les mousses ne sont pas supposés savoir se battre, même si parfois ils utilisent les armes de leurs compagnons.

REMETS LES VOYELLES À LEUR PLACE DANS LES NOMS D'ARMES CI-DESSOUS ET DÉCOUVRE L'INTRUS !

E I O → P I S T O L E T

A E → H A C H E

A E → S A B R E

A I O → P O I G N A R D

E E O → R E V O L V E R

INDICE : C'EST LA SEULE ARME QUI N'EXISTAIT PAS À L'ÉPOQUE DES PIRATES.

TA RÉPONSE : R E V O L V E R

À L'ABORDAGE !

INDICE 4

Les pirates pillaient tous les navires qu'ils croisaient. Après chaque abordage, si tout se passait bien, ils partageaient le butin. Ainsi, Sam Jones, membre de l'équipage de Charlotte de Berry, a reçu 36 pièces d'or lors du dernier pillage. Il en a dépensé 8 à boire du rhum à la taverne, puis 13 pour s'acheter un perroquet.

COMBIEN DE PIÈCES D'OR LUI RESTE-T-IL ?

RÉPONSE (N) : 15

RÉPONSE (O) : 31

RÉPONSE (P) : 23

TA RÉPONSE : 15 ou N

À L'ABORDAGE !

INDICE 5

Les pirates se déplaçaient sur des petits bateaux plus rapides que les navires qu'ils attaquaient. Mais, connais-tu les différents types de bateaux ?

DANS LA LISTE SUIVANTE, TROUVE LE BATEAU QUI N'EST PAS DANS LA GRILLE.

C	A	R	A	V	E	L	L	E
C	H	A	L	O	U	P	E	E
G	A	L	E	R	E	P	S	T
E	K	S	T	F	U	I	A	A
U	C	L	O	U	Q	N	M	G
Q	I	O	I	S	N	Q	P	E
R	R	O	L	T	O	U	A	R
A	B	P	A	E	J	E	N	F
B	R	I	G	A	N	T	I	N

CONSEIL : BARRE LES NOMS DE BATEAUX DE LA LISTE DANS LA GRILLE (HORIZONTALEMENT OU VERTICALEMENT, À L'ENDROIT OU À L'ENVERS). ATTENTION : UNE LETTRE PEUT SERVIR POUR PLUSIEURS MOTS.

BARQUE	BRICK
~~BRIGANTIN~~	CARAVELLE
~~CHALOUPE~~	CORVETTE
RÉGATE	FUSTE
GALÈRE	GALIOTE
JONQUE	PINQUE
SAMPAN	SLOOP

TA RÉPONSE :

ÉNIGME 7 DÉNOUEMENT

Tu connais sûrement Barbe-Noire ou Barberousse, pirates très célèbres. Mais certaines femmes sont aussi connues pour avoir amassé des fortunes à la tête de bateaux pirates. Pour trouver le nom de l'une d'elles, une Française renommée dans les Caraïbes, il te suffit de prendre dans l'ordre :

- La réponse de l'indice 1.
- La 7e lettre de l'indice 2.
- La réponse de l'indice 4.
- La 2e lettre de l'indice 3.
- La 1re lettre de l'indice 2.
- La 6e lettre de l'indice 2.
- La 5e lettre de l'indice 5.
- La 3e lettre de l'indice 2.
- La 5e lettre de l'indice 3.
- La 8e lettre de l'indice 5.
- La 3e lettre de l'indice 3.
- La 7e lettre de l'indice 3.
- La 3e lettre de l'indice 2.
- La 7e lettre de l'indice 5.

Alors, comment s'appelle cette femme pirate ?

_ _ _ _ _ _ _ _-_ _-_ _ _ _ _

QUELLE AVENTURIÈRE INTRÉPIDE !

ÉNIGME 8

CHEZ LES INDIENS D'AMÉRIQUE

ÉNIGME 8 L'HISTOIRE

Apaches, Sioux ou Comanches… ces noms de tribus indiennes n'ont plus de secret pour toi ? Es-tu prêt à répondre à chaque question pour découvrir l'énigme finale : le nom d'un peuple mystère ?

ALORS, EN AVANT POUR LES PLAINES SAUVAGES DU FAR WEST !

INDICE 1

Quand Christophe Colomb a découvert l'Amérique, il pensait être arrivé aux Indes, en Asie. C'est pour cela que les anciens peuples d'Amérique du Nord ont été appelés « Indiens » ! D'ailleurs les habitants actuels de l'Inde s'appellent aussi les Indiens mais ils n'ont pas de plumes sur la tête, eux !
Les plumes de ces coiffes indiennes, symboles de courage, provenaient toutes d'un même oiseau, celui qui volait le plus haut.

QUEL EST LE NOM DE CET OISEAU ?

TA RÉPONSE :

A I G L E R O Y A L

ÉNIGME 8

CHEZ LES INDIENS D'AMÉRIQUE

INDICE 2

Comme tu le sais, les Indiens avaient des coutumes particulières et utilisaient des objets qu'ils nommaient dans leur langue. Connais-tu ces mots ?

TROUVE LES TRADUCTIONS ET DÉCOUVRE COMMENT ON APPELLE UNE FEMME EN LANGUE INDIENNE.

MOTS INDIENS			TRADUCTIONS
TOMAHAWK	1	W	CHARRETTE
PAPOOSE	2	U	GRANDE PIPE
CALUMET	3	S	GROSSE HACHE
TIPI	4	Q	ENFANT
TRAVOIS	5	A	TENTE

INDICE : LES LETTRES DES TRADUCTIONS REMISES DANS L'ORDRE TE DONNERONT LE MOT À TROUVER.

TA RÉPONSE :

☐☐☐☐☐

INDICE 3

Les Indiens étaient des chasseurs de bisons.
Ils utilisaient tout dans l'animal : sa viande pour manger, ses os pour faire des armes et des objets, et sa peau comme vêtements ou comme couvertures. Pour tuer un bison, il faut au moins 3 flèches bien tirées...

COMBIEN DE FLÈCHES CE CHEYENNE VA-T-IL DÉCOCHER POUR ABATTRE CES 11 BISONS ?

INDICE :
CALCULE : $3 \times 11 = ?$

RÉPONSE (M) : 14

RÉPONSE (N) : 311

RÉPONSE (O) : 33

TA RÉPONSE : O

CHEZ LES INDIENS D'AMÉRIQUE

INDICE 4

Cet Indien ne sait plus où ranger ses flèches.
Son chef lui envoie un message de fumée pour lui donner la réponse.

CLASSE LES NUAGES DE FUMÉE DANS L'ORDRE CROISSANT DE TAILLE POUR TROUVER LA SOLUTION.

TA RÉPONSE :

C A R Q U O I S

INDICE 5

Certains Indiens d'Amérique sont devenus célèbres, notamment ceux qui ont essayé de résister à l'armée américaine. Il en est un que tu connais sûrement. Il était chef de la tribu des Sioux. Son nom d'origine était Tatanka Iyotake, qui signifie « bison mâle qui se roule dans la poussière ». Mais il est plus connu sous son nom anglais, Sitting Bull.

COMMENT PEUX-TU TRADUIRE SON NOM EN FRANÇAIS ?

RÉPONSE (I) : TAUREAU ASSIS

RÉPONSE (J) : TAUREAU DEBOUT

RÉPONSE (K) : TAUREAU ALLONGÉ

INDICE : REGARDE BIEN LA PHOTO !

TA RÉPONSE : I

ÉNIGME 8 DÉNOUEMENT

Comme tu le sais, il y avait les Indiens des plaines, tels que les Sioux, les Cheyennes ou les Comanches, qui habitaient dans des tipis. Et il y avait les Indiens des forêts, qui construisaient des huttes en branchages ou des maisons en bois. Parmi eux, une tribu était considérée comme la plus guerrière. Pour trouver le nom de ces Indiens, il te suffit de prendre dans l'ordre :

- La 2e lettre de l'indice 1.
- La 3e lettre de l'indice 4.
- La 7e lettre de l'indice 1.
- La 2e lettre de l'indice 2.
- La 5e lettre de l'indice 4.
- La réponse de l'indice 3.
- La réponse de l'indice 5.
- La 1re lettre de l'indice 2.

Alors, comment s'appelaient ces guerriers ?

SAVAIS-TU QU'ON LES RECONNAISSAIT GRÂCE À LA TOUFFE DE CHEVEUX ORNÉE DE PLUMES AU SOMMET DE LEUR CRÂNE RASÉ ?

SOLUTIONS

AU TEMPS DES DINOSAURES

INDICE 1 P. 9 - Réponse : PALÉONTOLOGUES

INDICE 2 P. 10 - Réponse : M

INDICE 3 P. 11 - Réponse : TYRANNOSAURE

INDICE 4 P. 12 - Réponse : A

INDICE 5 P. 13 - Réponse : PTÉROSAURES

DÉNOUEMENT P. 14 - Réponse : MOSASAURE

INDICE 1 P. 17 - Réponse : HOMO SAPIENS

INDICE 2 P. 18 - Réponse : Q

INDICE 3 P. 19 - Réponse : DINOSAURE (BISON, DINOSAURE, RENNE, ANTILOPE, MAMMOUTH, CHEVAL ; LES DINOSAURES AVAIENT DÉJÀ DISPARU DEPUIS BIEN LONGTEMPS QUAND LES HOMMES SONT APPARUS SUR TERRE)

INDICE 4 P. 20 - Réponse : T

INDICE 5 P. 21 - Réponse : LASCAUX

DÉNOUEMENT P. 22 - Réponse : NEOLITHIQUE

SOLUTIONS

VOYAGE DANS L'ÉGYPTE ANTIQUE

INDICE 1 P.25 - Réponse : K

INDICE 2 P.26 - Réponse : N

INDICE 3 P.27 - Réponse : PIERRE DE ROSETTE

INDICE 4 P.28 - Réponse : HERMÈS (C'EST UN DIEU GREC)

INDICE 5 P.29 - Réponse : HATSHEPSOUT (CLÉOPÂTRE N'A JAMAIS EU LE TITRE DE PHARAON)

DÉNOUEMENT P.30 - Réponse : TOUTANKHAMON

BIENVENUE À ROME

INDICE 1 P. 33 - Réponse : AQUEDUC

P	A	L	A	I	S	A	C
A	C	A	I	T	T	Q	A
N	I	R	N	U	H	U	P
T	R	E	S	N	E	E	I
H	Q	N	U	N	R	D	T
E	U	E	L	E	M	U	O
O	E	S	A	L	E	C	L
N	C	O	L	I	S	E	E

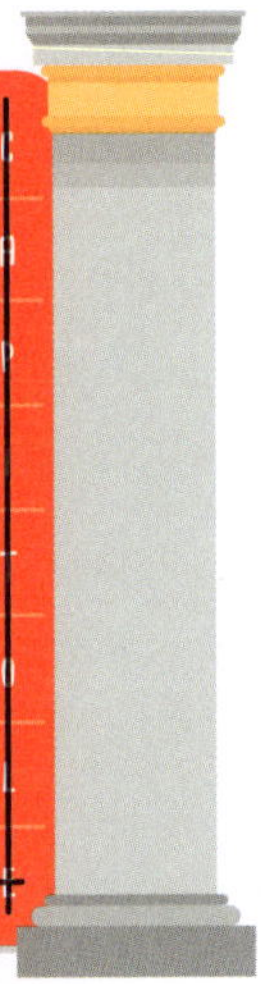

INDICE 2 P. 34 - Réponse : TOUTATIS (C'EST UN DIEU GAULOIS ; LES AUTRES DIEUX SONT JUPITER, PLUTON, CUPIDON)

INDICE 3 P. 35 - Réponse : X

INDICE 4 P. 36 - Réponse : CUIRASSE

INDICE 5 P. 37 - Réponse : FRIGIDARIUM

DÉNOUEMENT P. 38

Réponse : CIRCUS MAXIMUS

REDOUTABLES SAMOURAÏS

INDICE 1 P. 41 - Réponse : KATANA

K	B	O	F	P	I
T	Y	A	U	Z	V
A	S	J	T	Q	F
E	L	C	X	G	K
M	T	N	A	E	M
D	N	C	W	R	H

INDICE 2 P. 42 - Réponse : H (CELUI QUI SERT)

INDICE 3 P. 43 - Réponse : G (5 000 CM)

INDICE 4 P. 44 - Réponse : KABUTO

INDICE 5 P. 45 - Réponse : SERVIR DEUX MAÎTRES

DÉNOUEMENT P. 46

Réponse : ONNA-BUGEISHA

INDICE 1 P. 49 - Réponse : HEAUME

H	B	I	X	E	S
W	M	R	E	J	E
O	Y	T	P	L	B
H	G	Q	U	D	T
C	L	M	Z	K	N
J	U	V	K	A	F

INDICE 2 P. 50 - Réponse : QUINTAINE

INDICE 3 P. 51 - Réponse : ADOUBEMENT

INDICE 4 P. 52 - Réponse : CS

INDICE 5 P. 53 - Réponse : GALÈRE

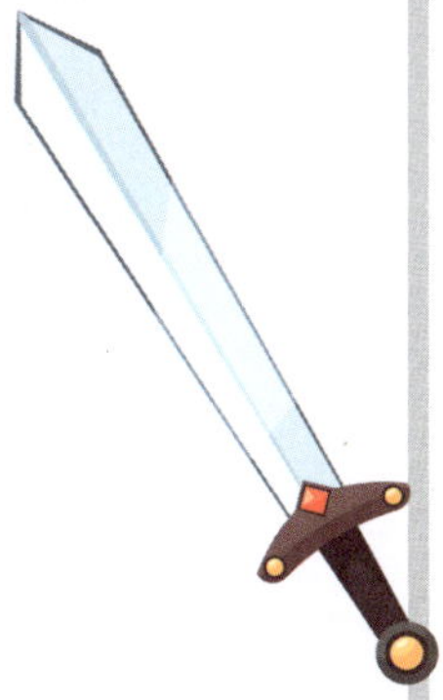

DÉNOUEMENT P. 54

Réponse : DU GUESCLIN

À L'ABORDAGE !

INDICE 1 P. 57 - Réponse : A (XXI - XVII = IV ; SOIT 21 - 17 = 4)

INDICE 2 P. 58 - Réponse : DAUPHIN (COCHON, POULE, CHÈVRE, DAUPHIN, MOUTON)

INDICE 3 P. 59 - Réponse : REVOLVER (PISTOLET, HACHE, SABRE, POIGNARD, REVOLVER)

INDICE 4 P. 60 - Réponse : N (36 - 8 - 13 = 15)

INDICE 5 P. 61 - Réponse : CORVETTE

C	A	R	A	V	E	L	L	E
C	H	A	L	O	U	P	E	E
G	A	L	E	R	E	P	S	T
E	K	S	T	F	U	I	A	A
U	C	L	O	U	Q	N	M	G
Q	I	O	I	S	N	Q	P	E
R	R	O	L	T	O	U	A	R
A	B	P	A	E	J	E	N	F
B	R	I	G	A	N	T	I	N

DÉNOUEMENT P. 62 - Réponse :

ANNE DIEU-LE-VEUT

INDICE 1 P. 65 - Réponse : AIGLE ROYAL

INDICE 2 P. 66 - Réponse : SQUAW (1 = S, 2 = Q, 3 = U, 4 = A, 5 = W)

INDICE 3 P. 67 - Réponse : 0 (3 × 11 = 33)

INDICE 4 P. 68 - Réponse : CARQUOIS

INDICE 5 P. 69 - Réponse : I

DÉNOUEMENT P. 70 - Réponse : IROQUOIS

Crédits illustrations

Énigme 1 : Gluiki/Shutterstock.com, Kiarnight/Gluiki/Shutterstock.com ; p. 8 : metha1819/Shutterstock.com ; p. 9 : vectortatu/Shutterstock.com ; p. 10 : Herschel Hoffmeyer/Shutterstock.com ; p. 11 : Herschel Hoffmeyer/Shutterstock.com ; p. 12 : Dotted Yeti/Shutterstock.com ; p. 13 : Linda Bucklin/Shutterstock.com et Valentyna Chukhlyebova/Shutterstock.com ; p. 14 : Dotted Yeti/Shutterstock.com ; **énigme 2 :** Red monkey/Shutterstock.com, StockSmartStart/Shutterstock.com, Macrovector/Shutterstock.com ; p. 17 : Roni Setiawan/Shutterstock.com ; p. 18 : Pascal PHAN ; p. 19 : Roni Setiawan/Shutterstock.com ; p. 21 : thipjang/Shutterstock.com et Julia-art/Shutterstock.com ; p. 22 : Panda Vector/Shutterstock.com ; **énigme 3 :** ONYXprj/Shutterstock.com, Macrovector/Shutterstock.com ; p. 24 : KennyK.com/Shutterstock.com ; p. 25 : Catmando/Shutterstock.com ; p. 26 : lady-luck/Shutterstock.com ; p. 28 : NotionPic/Shutterstock.com ; p. 29 : J 'Knyce' Williams/Shutterstock.com ; p. 30 : Grishankov/Shutterstock.com ; **énigme 4 :** Naty_Lee/Shutterstock.com, Macrovector/Shutterstock.com ; p. 32 : Arak Rattanawijittakorn/Shutterstock.com ; p. 33 : Niko28/Shutterstock.com ; p. 34 : Arak Rattanawijittakorn/Shutterstock.com ; p. 35 : alphabe/Shutterstock.com ; p. 36 : Christos Georghiou/Shutterstock.com ; p. 37 : rcpsi/Shutterstock.com ; p. 38 : Utagawa Kuniyoshi Ishi-jo, femme de Oboshi Yoshio, l'un des 47 ronin fidèles - estampe de Kuniyoshi de la série *Seichi gishin den*, « histoires de coeurs fidèles », 1848 ; **énigme 5 :** Macrovector/Shutterstock.com, LynxVector/Shutterstock.com ; p. 40 : antonpix/Shutterstock.com ; p. 41A : George W. Bailey/Shutterstock.com ; p. 41B : Maxx-Studio/Shutterstock.com ; P. 42 : Good_Stock/Shutterstock.com ; p. 43 : Peter Hermes Furian/Shutterstock.com ; p. 44 : dedMazay/Shutterstock.com ; p. 45 : Naz-3D/Shutterstock.com ; p. 46 : Jean-Michel Girard/Shutterstock.com ; **énigme 6 :** GoodStudio/Shutterstock.com , Lera Efremova/Shutterstock.com ; p. 48 : Nearbirds/Shutterstock.com ; p. 49 : halimqd/Shutterstock.com ; p. 50 : Evgenija Morozova/Shutterstock.com ; p. 51 : SaveJungle/Shutterstock.com et NotionPic/Shutterstock.com ; p. 52 : vectortatu/Shutterstock.com ; p. 56 : Smulsky/AdobeStock.com ; p. 57 : Tribalium/Shutterstock.com ; p. 58A : Good_Stock/Shutterstock.com, Avgust Brut/Shutterstock.com et robuart/Shutterstock.com ; p. 59 : The Accolade par Edmund Leighton, 1901 (collection privée) ; p. 60 : Macrovector/Shutterstock.com ; p. 61 : Macrovector/Shutterstock.com ; p. 62 : shabrinart/Shutterstock.com ; **énigme 8 :** Macrovector/Shutterstock.com ; p. 64 : Microstocker1/Shutterstock.com ; p. 65 : Krasovsky/Shutterstock.com ; p. 66 : Natykach Nataliia/Shutterstock.com et Spreadthesign/Shutterstock.com ; p. 67 : Vladislav Kudoyarov/Shutterstock.com ; p. 68 : Viktorija Reuta/Shutterstock.com ; p. 69 : KittyVector/Shutterstock.com ; p. 70 : Drekhann/Shutterstock.com

Achevé d'imprimer chez Graficas Estella en Espagne
Dépôt légal : mars 2019 – 323128/03
N° de projet : 11046940 – mars 2021